dì zǐ guī
弟子规

大字拼音国学读本

王明辉 注析

人民文学出版社

图书在版编目（CIP）数据

弟子规/王明辉注析. —北京：人民文学出版社，2020
（大字拼音国学读本）
ISBN 978-7-02-014927-8

Ⅰ. ①弟… Ⅱ. ①王… Ⅲ. ①古汉语—启蒙读物— Ⅳ. ①H194.1

中国版本图书馆 CIP 数据核字(2019)第 016878 号

责任编辑　廉　萍　周方舟
装帧设计　黄云香
责任印制　徐　冉

出版发行　人民文学出版社
社　　址　北京市朝内大街 166 号
邮政编码　100705
网　　址　http://www.rw-cn.com

印　　刷　天津画中画印刷有限公司
经　　销　全国新华书店等

字　　数　20 千字
开　　本　710 毫米×1000 毫米　1/16
印　　张　3.25
印　　数　1—8000
版　　次　2020 年 11 月北京第 1 版
印　　次　2020 年 11 月第 1 次印刷

书　　号　978-7-02-014927-8
定　　价　15.00 元

前言

《弟子规》是清代前期山西塾师李毓秀编著的，原名叫作《训蒙文》。后来贾存仁对此进行了修订，更名为《弟子规》,进而流布四方,成为很多私塾和义学的必读书。全文 1080 个字，按照三字一句、两句一韵的形式编排。

《弟子规》是传统社会中教育儿童的蒙学教材，作者以孔子对弟子的教诲为基本纲领，从日常生活中的小事入手，对孩子的行为进行全面规范，涉及在家在外、待人接物、修身读书等各个方面，是一本很好的养成教育教材。不过需要注意的是,《弟子规》的内容是与当时的时代背景、社会环境、人文理念相适应的。在当代社会中，以上种种均发生了重大变化，我们对于其中的内容和思想自然不应该完全照搬。不过，从立德树人的角度来看，《弟子规》中仍有很多值得学习的内容，我们不妨结合自己的具体情况，加以借鉴和运用。

《弟子规》传播很广，现存很多版本，不过内容没有很大差别。我们这里采用的是《复性斋丛书》中收录的清咸丰六年（1856）慎修堂藏书《弟子规》。繁体字均转为相应简体字。

原 文

dì zǐ guī

弟子规

zǒng xù

总 叙

dì zǐ guī shèng rén xùn shǒu xiào tì cì jǐn xìn

弟子规，圣人训。首孝弟，次谨信。

fàn ài zhòng ér qīn rén yǒu yú lì zé xué wén

泛爱众，而亲仁。有余力，则学文。

rù zé xiào

入则孝

fù mǔ hū yìng wù huǎn fù mǔ mìng xíng wù lǎn

父母呼，应勿缓；父母命，行勿懒。

fù mǔ jiào xū jìng tīng fù mǔ zé xū shùn chéng
父母教，须敬听；父母责，须顺承。

dōng zé wēn xià zé qìng chén zé xǐng hūn zé dìng
冬则温，夏则清，晨则省，昏则定。

chū bì gào fǎn bì miàn jū yǒu cháng yè wú biàn
出必告，反必面，居有常，业无变。

shì suī xiǎo wù shàn wéi gǒu shàn wéi zǐ dào kuī
事虽小，勿擅为；苟擅为，子道亏。

wù suī xiǎo wù sī cáng gǒu sī cáng qīn xīn shāng
物虽小，勿私藏；苟私藏，亲心伤。

qīn suǒ hào lì wèi jù qīn suǒ wù jǐn wèi qù
亲所好，力为具；亲所恶，谨为去。

shēn yǒu shāng yí qīn yōu dé yǒu shāng yí qīn xiū
身有伤，贻亲忧；德有伤，贻亲羞。

qīn ài wǒ xiào hé nán qīn zēng wǒ xiào fāng xián
亲爱我，孝何难？亲憎我，孝方贤。

qīn yǒu guò jiàn shǐ gēng yí wú sè róu wú shēng
亲有过，谏使更，怡吾色，柔吾声。

jiàn bù rù yuè fù jiàn háo qì suí tà wú yuàn
谏不入，悦复谏，号泣随，挞无怨。

qīn yǒu jí yào xiān cháng zhòu yè shì bù lí chuáng
亲有疾，药先尝，昼夜侍，不离床。

sāng sān nián cháng bēi yè jū chù biàn jiǔ ròu jué
丧三年，常悲咽，居处辨，酒肉绝。

sāng jìn lǐ jì jìn chéng shì sǐ zhě rú shì shēng
丧尽礼，祭尽诚，事死者，如事生。

chū zé tì
出则弟

xiōng dào yǒu dì dào gōng xiōng dì mù xiào zài zhōng
兄道友，弟道恭，兄弟睦，孝在中。

cái wù qīng yuàn hé shēng yán yǔ rěn fèn zì mǐn
财物轻，怨何生？言语忍，忿自泯。

huò yǐn shí huò zuò zǒu zhǎng zhě xiān yòu zhě hòu
或饮食，或坐走，长者先，幼者后。

zhǎng hū rén jí dài jiào rén bù zài jǐ jí dào
长呼人，即代叫，人不在，己即到。

chēng zūn zhǎng wù hū míng duì zūn zhǎng wù xiàn néng
称尊长，勿呼名，对尊长，勿见能。

lù yù zhǎng　jí qū yī　zhǎng wú yán　tuì gōng lì
路遇长，疾趋揖，长无言，退恭立。

qí xià mǎ　chéng xià chē　guò yóu dài　bǎi bù yú
骑下马，乘下车，过犹待，百步余。

zhǎng zhě lì　yòu wù zuò　zhǎng zhě zuò　mìng nǎi zuò
长者立，幼勿坐，长者坐，命乃坐。

zūn zhǎng qián　shēng yào dī　dī bù wén　què fēi yí
尊长前，声要低，低不闻，却非宜。

jìn bì qū　tuì bì chí　wèn qǐ duì　shì wù yí
进必趋，退必迟，问起对，视勿移。

shì zhū fù　rú shì fù　shì zhū xiōng　rú shì xiōng
事诸父，如事父；事诸兄，如事兄。

jǐn
谨

zhāo qǐ zǎo　yè mián chí　lǎo yì zhì　xī cǐ shí
朝起早，夜眠迟，老易至，惜此时。

chén bì guàn　jiān shù kǒu　biàn niào huí　zhé jìng shǒu
晨必盥，兼漱口，便溺回，辄净手。

guān bì zhèng　niǔ bì jié　wà yǔ lǚ　jù jǐn qiè
冠必正，纽必结，袜与履，俱紧切。

zhì guān fú　yǒu dìng wèi　wù luàn dùn　zhì wū huì
置冠服，有定位，勿乱顿，致污秽。

yī guì jié　bù guì huá　shàng xún fèn　xià chèn jiā
衣贵洁，不贵华，上循分，下称家。

duì yǐn shí　wù jiǎn zé　shí shì kě　wù guò zé
对饮食，勿拣择，食适可，勿过则。

nián fāng shào　wù yǐn jiǔ　yǐn jiǔ zuì　zuì wéi chǒu
年方少，勿饮酒，饮酒醉，最为丑。

bù cóng róng　lì duān zhèng　yī shēn yuán　bài gōng jìng
步从容，立端正，揖深圆，拜恭敬。

wù jiàn yù　wù bǒ yǐ　wù jī jù　wù yáo bì
勿践阈，勿跛倚，勿箕踞，勿摇髀。

huǎn jiē lián　wù yǒu shēng　kuān zhuǎn wān　wù chù léng
缓揭帘，勿有声；宽转弯，勿触棱。

zhí xū qì　rú zhí yíng　rù xū shì　rú yǒu rén
执虚器，如执盈；入虚室，如有人。

shì wù máng　máng duō cuò　wù wèi nán　wù qīng lüè
事勿忙，忙多错，勿畏难，勿轻略。

dòu nào chǎng　jué wù jìn　xié pì shì　jué wù wèn
斗闹场，绝勿近；邪僻事，绝勿问。

jiāng rù mén　wèn shú cún　jiāng shàng táng　shēng bì yáng
将入门，问孰存；将上堂，声必扬。

rén wèn shuí　duì yǐ míng　wú yǔ wǒ　bù fēn míng
人问谁，对以名，吾与我，不分明。

yòng rén wù　xū míng qiú　tǎng bù wèn　jí wéi tōu
用人物，须明求，倘不问，即为偷。

jiè rén wù　jí shí huán　hòu yǒu jí　jiè bù nán
借人物，及时还；后有急，借不难。

xìn
信

fán chū yán　xìn wéi xiān　zhà yǔ wàng　xī kě yān
凡出言，信为先，诈与妄，奚可焉？

huà shuō duō　bù rú shǎo　duō yì cuò　shǎo yì hǎo
话说多，不如少，多易错，少易好。

jiān qiǎo yǔ　huì wū cí　shì jǐng qì　qiè jiè zhī
奸巧语，秽污词，市井气，切戒之。

jiàn wèi zhēn wù qīng yán zhī wèi dí wù qīng chuán
见未真，勿轻言；知未的，勿轻传。

shì fēi yí wù qīng nuò gǒu qīng nuò jìn tuì cuò
事非宜，勿轻诺，苟轻诺，进退错。

fán dào zì zhòng qiě shū wù jí jí wù mó •hu
凡道字，重且舒，勿急疾，勿模糊。

bǐ shuō cháng cǐ shuō duǎn bù guān jǐ mò xián guǎn
彼说长，此说短，不关己，莫闲管。

jiàn rén shàn jí sī qí zòng qù yuǎn yǐ jiàn jī
见人善，即思齐，纵去远，以渐跻。

jiàn rén è jí nèi xǐng yǒu zé gǎi wú jiā jǐng
见人恶，即内省，有则改，无加警。

wéi dé xué wéi cái yì bù rú rén dāng zì lì
惟德学，惟才艺，不如人，当自励。

ruò yī fú ruò yǐn shí bù rú rén wù shēng qī
若衣服，若饮食，不如人，勿生戚。

wén guò nù wén yù lè sǔn yǒu lái yì yǒu què
闻过怒，闻誉乐，损友来，益友却。

wén yù kǒng wén guò xīn zhí liàng shì jiàn xiāng qīn
闻誉恐，闻过欣，直谅士，渐相亲。

wú xīn fēi míng wéi cuò yǒu xīn fēi míng wéi è
无心非，名为错；有心非，名为恶。

guò néng gǎi guī yú wú tǎng yǎn shì zēng yī gū
过能改，归于无；倘掩饰，增一辜。

fàn ài zhòng
泛爱众

fán shì rén jiē xū ài tiān tóng fù dì tóng zài
凡是人，皆须爱，天同覆，地同载。

xíng gāo zhě míng zì gāo rén suǒ zhòng fēi mào gāo
行高者，名自高，人所重，非貌高。

cái dà zhě wàng zì dà rén suǒ fú fēi yán dà
才大者，望自大，人所服，非言大。

jǐ yǒu néng wù zì sī rén suǒ néng wù qīng zǐ
己有能，勿自私；人所能，勿轻訾。

wù chǎn fù wù jiāo pín wù yàn gù wù xǐ xīn
勿谄富，勿骄贫，勿厌故，勿喜新。

rén bù xián wù shì jiǎo rén bù ān wù huà rǎo
人不闲，勿事搅；人不安，勿话扰。

rén yǒu duǎn qiè mò jiē rén yǒu sī qiè mò shuō
人有短，切莫揭；人有私，切莫说。

dào rén shàn jí shì shàn rén zhī zhī yù sī miǎn
道人善，即是善，人知之，愈思勉。

yáng rén è jí shì è jí zhī shèn huò qiě zuò
扬人恶，即是恶，疾之甚，祸且作。

shàn xiāng quàn dé jiē jiàn guò bù guī dào liǎng kuī
善相劝，德皆建，过不规，道两亏。

fán qǔ yǔ guì fēn xiǎo yǔ yí duō qǔ yí shǎo
凡取与，贵分晓，与宜多，取宜少。

jiāng jiā rén xiān wèn jǐ jǐ bù yù jí sù yǐ
将加人，先问己，己不欲，即速已。

ēn yù bào yuàn yù wàng bào yuàn duǎn bào ēn cháng
恩欲报，怨欲忘，报怨短，报恩长。

dài bì pú shēn guì duān suī guì duān cí ér kuān
待婢仆，身贵端，虽贵端，慈而宽。

shì fú rén xīn bù rán lǐ fú rén fāng wú yán
势服人，心不然，理服人，方无言。

qīn rén
亲仁

tóng shì rén, lèi bù qí, liú sú zhòng, rén zhě xī
同是人，类不齐，流俗众，仁者希。

guǒ rén zhě, rén duō wèi, yán bù huì, sè bù mèi
果仁者，人多畏，言不讳，色不媚。

néng qīn rén, wú xiàn hǎo, dé rì jìn, guò rì shǎo
能亲仁，无限好，德日进，过日少。

bù qīn rén, wú xiàn hài, xiǎo rén jìn, bǎi shì huài
不亲仁，无限害，小人进，百事坏。

yú lì xué wén
余力学文

bù lì xíng, dàn xué wén, zhǎng fú huá, chéng hé rén
不力行，但学文，长浮华，成何人！

dàn lì xíng, bù xué wén, rèn jǐ jiàn, mèi lǐ zhēn
但力行，不学文，任己见，昧理真。

dú shū fǎ, yǒu sān dào, xīn yǎn kǒu, xìn jiē yào
读书法，有三到，心眼口，信皆要。

fāng dú cǐ, wù mù bǐ, cǐ wèi zhōng, bǐ wù qǐ
方读此，勿慕彼，此未终，彼勿起。

kuān wéi xiàn, jǐn yòng gōng, gōng fū dào, zhì sè tōng
宽为限，紧用功，工夫到，滞塞通。

xīn yǒu yí, suí zhá jì, jiù rén wèn, qiú què yì
心有疑，随札记，就人问，求确义。

fáng shì qīng, qiáng bì jìng, jī àn jié, bǐ yàn zhèng
房室清，墙壁净，几案洁，笔砚正。

mò mó piān, xīn bù duān, zì bù jìng, xīn xiān bìng
墨磨偏，心不端，字不敬，心先病。

liè diǎn jí, yǒu dìng chù, dú kàn bì, huán yuán chù
列典籍，有定处，读看毕，还原处。

suī yǒu jí, juàn shù qí, yǒu quē huài, jiù bǔ zhī
虽有急，卷束齐，有缺坏，就补之。

fēi shèng shū, bǐng wù shì, bì cōng míng, huài xīn zhì
非圣书，屏勿视，蔽聪明，坏心志。

wù zì bào, wù zì qì, shèng yǔ xián, kě xùn zhì
勿自暴，勿自弃，圣与贤，可驯致。

总 叙

孔子是中国古代先秦时期最伟大的教育家，他的很多教育观念至今仍产生着深远影响。这段话将孔子的原话略做改变，以符合三字一句的体例，但内容基本没有变化。《论语·学而》："弟子入则孝，出则弟，谨而信，泛爱众，而亲仁，行有余力，则以学文。"孔子对于儿童的养成教育有自己的深刻理解和认识，他认为伦理道德是培养的首要关键，而技能（所谓文）则是次要的，这正是中国传统文化中"士先器识而后文艺"思想的来源。《弟子规》正是以孔子的思想作为核心理念，通过对生活中各种细节的规范来解释和落实孔子的每一句话的。

弟子规，圣人训。首孝弟，次谨信。
泛爱众，而亲仁。有余力，则学文。

【解析】

教育后生子弟的规范，秉承了先圣孔子的教训。首先要在生活中孝敬父母、敬爱兄长，进而培养做事谨慎、讲求诚信的品格。要用平等友爱的态度与大众交往，努力接近有仁德的人，以便向他们学习。如果做了上面的几点之后还有空闲时间，那就可以学习礼、乐、射、御、书、数等六艺之文。孝弟，即孝悌。

入则孝

在伦理道德层面上，最重要的是与父母相处要尽孝道。俗话说“百善孝为先”，父母是生我育我的人，没有父母就没有我的物质存在。如果不能与父母和谐相处，那么与其他人的关系势必更难处理好。因此，对父母的孝是一切伦理道德的基础。父母是一个人社会关系的最核心部分。就这一点来说，古代和当代没有什么差别，每个人都要与父母形成良好的互动关系。

这部分内容讲的是一个人对待父母应有的态度和行为，既是最基础的礼貌，又是最原初的情感。现在有人会认为这些是古代的观念，已经落伍。其实不然，这不是保守与开明的差别，而是文明与野蛮的差别。父母与孩子之间，是长幼关系，抚育关系，也是承继关系。父母除了抚养孩子，还必须教育孩子。绝大多数孩子在成长过程中，不可能一下子就懂得道理、明辨是非，必须有一个养成的过程，帮助他确立

入则孝

暑不驱蚊 晋朝吴猛幼时家贫，床上没有帷帐，夏夜蚊虫繁多时，他从不驱赶，因为担心蚊虫会去叮咬父母。

——图片选自《百孝图》清同治十年河间俞氏刊本

最基本的思维模式和行为规范。然后在此基础上，才可能谈到与孩子平等交流，进而做朋友。以下种种就是子女和父母交往应秉持的最基本的行为规范。

这部分有一些内容，现代人可能会有不同的看法。如父母的命令，是否一定要执行？父母的责备，是否应该顺承？对于现今具有独立人格的人而言，这显然值得商榷。我们在此必须重申一下，这是古代养成教育的一部分，其内容主要是针对儿童，是学习过程中的弟子。这个阶段的人对于社会规则、法律还没有清晰的认识，不完全清楚什么事情可以做，什么事情不能做。同时，多数孩子还没有形成真正独立和成熟的思想，有时道理可以讲得通，有时道理未必能讲通。所以，必须有一种规则来约束他们不能越轨，父母的教诲和命令就是这种规则最直接的体现。显然，父母的命令未必是全部正确的，但对父母命令的是非能够做出正确判断，却不是一般小孩子能办到的。如果孩子比较成熟，能有理有据地和父母探讨是非，那么父母的命令可能会因此改变。但即便是这种成熟的孩子，也不应该以直接对抗的方式来反对。而对于更多的养成过程中的孩子，父母的命令，应该得到执行而不是推诿。“父母责，须顺承”，不仅在养成期有意义，即便长大成人，也应遵循，不应该与父母发生直接的语言争执和冲突；有不同意见，完全可以换一种更委婉的方式来表达，这不光是礼貌问题，更是对父母的爱的表现。

父母呼，应勿缓；父母命，行勿懒。
父母教，须敬听；父母责，须顺承。

【解析】

父母叫我们时，一定要及时答应，不能拖延，更不能沉默不语。父母让我们做事情时，要马上行动起来，不能拖沓懈怠或借故偷懒，更不能当作没听到。父母对我们的教诲，一定要以恭敬的态度认真听取，把握父母的爱心，体会其中的道理。父母批评我们时，要以平和的态度接受，不能言辞激烈地顶撞。

冬则温，夏则清，晨则省，昏则定。
出必告，反必面，居有常，业无变。

【解析】

做子女的要关心父母的生活起居。冬天要关心父母，让他们住所温暖，穿着厚实；夏天要照顾父母，让他们感到凉快。早晨和傍晚，都要向父母问候。如果有事外出，一定要先告诉父母；外出归来后，一定要先面见父母，以免他们牵挂。居住要有固定的住所，对于所从事的事业，要持之以恒，不要随便改变，以免父母担心。

事虽小，勿擅为；苟擅为，子道亏。
物虽小，勿私藏；苟私藏，亲心伤。

【解析】

即便是家中的小事，也不要擅作主张，应该与父母商量后办理。如果自己擅自做了主，那就不合乎做人子女的道理了。即便是一件小东西，也不能自己背着父母把它私藏起来，如果这么做了，父母会因此感到伤心难过。

亲所好，力为具；亲所恶，谨为去。
身有伤，贻亲忧；德有伤，贻亲羞。
亲爱我，孝何难？亲憎我，孝方贤。

【解析】

父母喜欢的东西，做子女的应该尽量去给他们准备好。父母厌恶的东西，做子女的应该妥善把这些东西消除掉。如果子女的身体受到了伤害，那么父母一定会因此而忧虑；如果子女的品德有了缺失，那么父母一定会因此而感到羞愧。如果父母喜欢自己，孝敬他们不是什么难事；如果父母不喜欢自己，而仍然能够孝敬他们，这才是真正贤德的人。

亲有过，谏使更，怡吾色，柔吾声。
谏不入，悦复谏，号泣随，挞无怨。

·【解析】·

如果父母有了过错，应该劝导他们，使他们改正错误。一定注意劝导的时候，态度要温和，脸色要和缓，声音要轻柔，不能态度生硬、声色俱厉。如果劝导父母，他们不听，那就等到他们心情好的时候继续温和地劝导。假如父母仍然固执己见，孝敬的子女会伤心地哭泣，甚至放声哭号，以此来恳请父母改过，即便因此被父母痛打也毫无怨言。

亲有疾，药先尝，昼夜侍，不离床。
丧三年，常悲咽，居处辨，酒肉绝。
丧尽礼，祭尽诚，事死者，如事生。

·【解析】·

父母患病，要精心伺候，给他们熬好的汤药，要先尝尝温度是否合适，再给父母喝，白天夜晚都应该守护在父母的病床前，不能轻易离开。如果父母不幸去世，要按照礼制守孝三年，在此期间，常常因为怀念父母而感到心中悲痛。要辨别住所，改住在简朴的居室，同时停止喝酒吃肉的享受，以表达对父母的哀悼和思念。为父母办丧事要依照丧礼，进行祭祀时要诚心诚意，对待已经故去的父母，要像他们生前一样尊重和恭敬。

出则弟

弟通悌，本义是要敬爱兄长，慢慢扩展为敬重长辈。悌仅次于孝。实际上，本部分所规范的内容相比父母来说，属于一个人社会关系的外面一层。无论是有血缘关系的兄长，还是有师承关系的师长，都属于仅次于父母的亲密关系。古人对于师生关系极为看重，这是仅次于血缘关系的一种社会关系，所谓“一日为师，终身为父”。对于长辈恰当的尊重，既是区分长辈、平辈、晚辈的标准，也是一个人修养和礼貌的体现。

兄道友，弟道恭，兄弟睦，孝在中。

财物轻，怨何生？言语忍，忿自泯。

庾衮敬兄 晋时曾发生重大瘟疫，庾衮的哥哥也染了病。家人都搬离了，只有庾衮主动留下照顾哥哥。几个月后，疫情缓解，家人归来，看到哥哥的病情已好转，庾衮自己也安然无恙。

——图片选自《阴骘文图说》清同治六年奉天锦府文英斋刻本

【解析】

做哥哥姐姐的本分是要对弟弟妹妹友爱，做弟弟妹妹的本分是要对哥哥姐姐尊重。兄弟姐妹在一起和睦相处，父母就会舒心愉快，这也是对父母孝敬的一种体现。如果大家都不把钱财器物看得比亲情友情更重要，那么兄弟姐妹之间怎么会产生怨恨呢？互相交流时说话要小心谨慎，能忍则忍，不要图一时痛快而出口伤人，这样的话，有可能出现的愤恨自然就消失在无形之中了。

或饮食，或坐走，长者先，幼者后。
长呼人，即代叫，人不在，己即到。

【解析】

在日常的饮食起居中，都应该遵循长者为先、幼者为后的次序。长辈叫其他人，后辈要替他们去叫人，如果所叫的人不在，自己就应该过去问问长辈是否需要帮助。

称尊长，勿呼名，对尊长，勿见能。
路遇长，疾趋揖，长无言，退恭立。
骑下马，乘下车，过犹待，百步余。

【解析】

对于长辈，不能直呼其名，应该加上尊称。在长辈面前，不要轻率地表现自己的才能。在路上遇到长辈，要快步上前行礼问候，如果长辈没有和自己讲话，就退到一边恭敬地肃立。遇到长辈，骑马时要下马，乘车时要下车，长辈走过去了，还应该等待一会儿，走过百步后，自己再行动。

长者立，幼勿坐，长者坐，命乃坐。
尊长前，声要低，低不闻，却非宜。

【解析】

长辈站着的时候，晚辈不能坐着。长辈坐下之后，允许晚辈坐下才能坐下。在尊长面前，讲话声音应该小一些，但也不能太小，如果让长辈听不到，也是不合适的。

进必趋，退必迟，问起对，视勿移。
事诸父，如事父；事诸兄，如事兄。

【解析】

去面见长辈时要快步走，而拜别长辈时要慢慢退出去。对于长辈的提问，应该站起来回答，和长辈交谈时，视线不能到处乱转，应该礼貌地注视长辈。对待父辈的尊长，应该像对待父亲一样孝敬；对于兄辈的尊长，应该像对待亲哥哥一样友爱。

谨

正是在孝敬父母、尊重长辈的前提下，孔子提出了对儿童品格的要求，就是恭谨诚信。首先是谨。《弟子规》在这一部分提出很详细的行为规范，几乎覆盖了儿童日常生活的方方面面。看起来很烦琐，有人认为这样会束缚孩子的发展。我们认为需要辩证地看待这个问题。在古代，恭谨的态度更多地表现在外在语言和行为上，由外在形式推及内心。而从当代来看，外在语言行为的烦琐程序的确可以适当加以简化，但不能完全放任自流，内心恭谨的态度必须要坚持。我们知道，世界上有很多东西值得尊重，体现尊重的最好方式就是合乎人类传统价值观念的规范行为。玩世不恭的态度会使人没有责任心，过分散漫的行为容易使人养成以自我为中心的习惯，这对个人、对家庭、对民族和社会都会产生不良影响。不过，其中个别观点也需辩证看待，比如，“朝起早，夜眠迟”，目的是鼓励大家珍惜时光，发奋努力。但古人“日落而息”，所以“眠迟”也不会太晚；现代人熬夜却经常会到半夜，这就不符合健康要求了。我们要切记，身体是一切的基础。在

谨

金人示戒 孔子在太庙见到了一座金人像，金人像三缄其口，背后有铭："古之慎言人也。"寓意是"无多言，多言多败；无多事，多事多害"。

——图片选自《养正图解》明万历二十二年吴怀让刊本

保证睡眠时间和质量的前提下，尽量早睡早起。

朝起早，夜眠迟，老易至，惜此时。
晨必盥，兼漱口，便溺回，辄净手。

【解析】

年轻人早晨要早起，晚上要晚点休息。人生短暂，很快就会老去，因此一定要珍惜年轻时的光阴。早上必须洗脸、刷牙、漱口。大小便之后，要把手洗干净。

冠必正，纽必结，袜与履，俱紧切。
置冠服，有定位，勿乱顿，致污秽。

【解析】

帽子要戴端正，穿衣服扣子要扣好。鞋袜要穿好，鞋带要系紧。脱下来的衣服、摘下来的帽子，都应该放在固定的位置，不要到处乱扔，以免弄脏，另外也会显得特别混乱。

衣贵洁，不贵华，上循分，下称家。
对饮食，勿拣择，食适可，勿过则。
年方少，勿饮酒，饮酒醉，最为丑。

【解析】

穿衣服最重要的是干净得体，不要太讲究奢华。首先要合乎自己的身份地位，其次要和家庭的经济条件相称。在饮食方面，也不能过于挑剔，应该广泛摄取营养，不要只挑自己喜欢的东西吃。每餐要适量，不要因为爱吃就吃得过量，长期这样会影响身体健康。年纪小的人，不要喝酒，喝醉的人，多数都会出丑，影响形象。

步从容，立端正，揖深圆，拜恭敬。
勿践阈，勿跛倚，勿箕踞，勿摇髀。

【解析】

走路时步伐要从容稳重，不急不缓。站立时要身体端正，不偏不倚。拱手作揖行礼时要动作到位，不能敷衍。行跪拜礼时要恭恭敬敬。进门、出门时不要踩门槛，站立时不要斜靠在门上、墙上，坐时不要张开两腿像簸箕一样，不要把腿抖来抖去。这样才能保持一种优雅的姿态。

缓揭帘，勿有声；宽转弯，勿触棱。
执虚器，如执盈；入虚室，如有人。

【解析】

进出门时要慢慢掀起门帘，尽量不要发出声音。走路转弯时要转大弯，以免碰到棱角受到伤害。拿着空的器具时要像拿着装满的器具一样小心谨慎。进入没人的房间时，要像进入有人的房间一样遵守礼节。

事匆忙，忙多错，勿畏难，勿轻略。
斗闹场，绝勿近；邪僻事，绝勿问。

【解析】

做事不要太匆忙，太匆忙就容易出错。做事不要畏惧困难，要迎难而上，勇敢面对。也不能轻率大意地处理事情，否则会出现疏漏。不要靠近那些容易发生争斗的场所，也不要关心过问那些邪恶怪异的事情。

将入门，问孰存；将上堂，声必扬。
人问谁，对以名，吾与我，不分明。

【解析】

将要进大门之前，应该先问一声："有人在吗？"将要进入正厅之前，声音应该大一些。有人问是谁的时候，要清楚地说出自己的名字，不能简单地回答"是我"，这样对方可能不清楚到底是谁。

用人物，须明求，倘不问，即为偷。
借人物，及时还；后有急，借不难。

·【解析】·

用其他人的东西时，要光明正大地去征求对方同意。如果不经他人允许自己就擅自取用，那就是偷窃的行为。借别人的东西用，要守信用，及时还给主人。以后如果有急用的时候，再向人家借用会比较方便。

信

诚信是古人极其看重的品质，在乡土社会中是立人之根本，而在今天的都市生活中，相对而言，似乎已经不那么重要了。正如大家都看到的，当今社会出现了诸多问题，其中很多都源于诚信的缺失。这与每个孩子从小的诚信养成教育息息相关。孔子说："人无信不立。"严复认为："华风之弊，八字尽之，始于作伪，终于无耻。"不重视诚信，一个人、一个民族是没有希望的，即便取得暂时的成功也不可能长久。每个人都希望自己的孩子生活在诚信之乡、礼仪之邦，诚信仍然应该也必须成为今天人们立身的根本。

信

雨不失期 在一个落雨的日子，文侯与群臣饮酒甚欢。酒后，文侯准备到郊野去，左右之人劝他不要出门，文侯说："我和虞人（掌管田猎的官）约了今日狩猎，不能因为饮酒和下雨而失信于他。"于是亲自去了田猎之处，告知虞人不能狩猎的缘故。

——图片选自《养正图解》明万历二十二年吴怀让刊本

这部分中“不关己，莫闲管”一条，我们需要具体情况具体分析，不能一概而论。对于关系重大或涉及做人原则的一些事情，即便与己无关，也不能简单地置于身外。不过对孩子而言，一定要量力而行，不能做超过自己能力范围的事情，要在保护自己安全的前提下，通过适当的方式来伸张正义、帮助他人。

凡出言，信为先，诈与妄，奚可焉？
话说多，不如少，多易错，少易好。
奸巧语，秽污词，市井气，切戒之。

·【解析】·

对人讲话，切记要守信，言出必行，说话算话。不能心存欺诈，也不能信口胡说。话说得多效果可能不佳，而且容易出错，反倒不如话少而精。谈话内容要实事求是，不花言巧语，这样效果会更好。要告诫自己免除语言中的奸邪滑巧和低俗无赖之气，一定不说脏话。有人可能认为说脏话是有个性，却不知这恰恰是素质差的表现。

见未真，勿轻言；知未的，勿轻传。

事非宜，勿轻诺，苟轻诺，进退错。

【解析】

一件事情，如果对真相没有十足的把握，就不能轻易加以评论。了解不充分不确切时，就不要轻率地传播。如果觉得一件事情不太适合自己做，就不要轻易答应。如果轻易答应，就会非常为难，做也不好，不做也不好。

凡道字，重且舒，勿急疾，勿模糊。
彼说长，此说短，不关己，莫闲管。

【解析】

凡是说话，要吐字清楚，声音洪亮舒缓，不要过急过快，也不要声音模糊。对于跟自己不相关的是非长短，不要参与，做到不讨论也不传播。

见人善，即思齐，纵去远，以渐跻。
见人恶，即内省，有则改，无加警。

【解析】

看到别人的优点，要有向他学习来提高自己的想法。即便现在和对方差距很大，但只要努力向上，就可以渐渐达到同样的境地。看到别人的缺点，要思考自己是否存在类似的问题。如果有，那就要立即改正，如果没有，那就警诫自己不要犯类似的错误。

惟德学，惟才艺，不如人，当自励。
若衣服，若饮食，不如人，勿生戚。

·【解析】·

只有当品德学问、才能技艺这些方面比不上其他人时，才应该自己努力钻研、迎头赶上。像衣服、饮食这些物质条件比不上其他人时，不要因此心生不快。

闻过怒，闻誉乐，损友来，益友却。
闻誉恐，闻过欣，直谅士，渐相亲。

·【解析】·

如果听到别人说自己的缺点就发怒，听到别人说自己的好话就开心，那么就会结交很多不良的朋友，真正有益的朋友却会离你远去。如果听到别人说自己的好话就会警惕，觉得这是对自己过分的表扬，听到别人说自己的缺点，就会因为更深入地了解自己的问题而欣喜，那么正直诚恳的好朋友就会越来越多。

无心非，名为错；有心非，名为恶。
过能改，归于无；倘掩饰，增一辜。

·【解析】·

如果无意之中做了不对的事，那就叫作“错”。如果是有意做了不对的事，那就叫作“恶”。有了过错能改正，那么就和没犯错差不多。如果有了过错还尽力去掩饰，那么就又增添了一项掩饰的罪过。

泛爱众

每个人都不是生活在真空中，除了最亲近的父母兄弟，我们还要和更多的人打交道。那么，应该如何对待这些人呢？孔子认为，应该最大限度地给予身边的人友爱，不分男女老幼，不分富贵贫贱，不看外貌肤色，都应该用对待朋友的态度去爱他们。每个接触到的人都是和我们一样的生命，我们是一个整体，这个整体如何，取决于其中的每一个个体。如果我们每个人都能对身边的人奉献出爱心，那会如同歌中唱到的：世界将变成美好的人间。虽然我们中的多数人还无力对整个世界产生影响，但完全可以从身边做起，用爱去温暖和影响

泛爱众

承逸救危　朱承逸是个慈心好施的人。一日清晨，他外出听到桥下传来哭泣的声音，循声而去，发现是一家三口因不堪负债，正准备在此处自尽。朱承逸心有不忍，为其还清债务，并资助了一些金钱给他们谋生。

——图片选自《阴骘文图说》清同治六年奉天锦府文英斋刻本

身边的小环境，更多小环境的改变就会推动整个世界的变化。

凡是人，皆须爱，天同覆，地同载。
行高者，名自高，人所重，非貌高。
才大者，望自大，人所服，非言大。

【解析】

所有人都是我们的同类，都值得我们去关心、去爱。这种仁慈悲悯之心非常广大，如同天地，毫无分别地覆载万物。

一个人如果品行高尚，那么自然会有很好的名声，人们所尊重和景仰的是德行，不是他的容貌出众。一个人如果才能出色，那么自然会有很高远的声望，大家所佩服的是真才实学，不是因为他能说大话。

己有能，勿自私；人所能，勿轻訾。
勿谄富，勿骄贫，勿厌故，勿喜新。

【解析】

自己有才能，不要自私自利，只顾个人；别人有能力，不要嫉妒，也不要轻易加以非议。要对财富有清醒的认识，不要对比自己富贵的人屈膝谄媚，也不要看不起比自己贫贱的人。无论对物，还是对人，都不能喜新厌旧。

人不闲，勿事搅；人不安，勿话扰。
人有短，切莫揭；人有私，切莫说。

【解析】

在别人没有空闲的时候，就不要因为自己有事去打扰对方。在别人心情不佳的时候，不要多话去骚扰对方。当发现别人的短处时，一定不要揭露。如果知道别人私密的事情，绝对不要到处谈论。

道人善，即是善，人知之，愈思勉。
扬人恶，即是恶，疾之甚，祸且作。

【解析】

赞美他人的善行，就是善的表现。如果别人知道了这些情况，就会想要努力做得更好。到处宣扬他人的错恶，本身就是恶的表现。过分地表现出对他人的憎恶，会招致灾祸。

善相劝，德皆建，过不规，道两亏。
凡取与，贵分晓，与宜多，取宜少。

【解析】 人与人之间互相以善行劝勉，那么大家都可以培养良好的德行。如果有了过错不能互相规劝，那么对于双方都是品行的亏损。对于财物的取得和给予，一定要明确。给他人的应该略多一点，从他人那里得到的应该略少一点。

将加人，先问己，己不欲，即速已。

恩欲报，怨欲忘，报怨短，报恩长。

【解析】 如果要让他人做什么之前，先问问自己的内心，如果将对方换成自己，自己愿意，那就继续去做；自己不愿意，那就马上停止，千万不要去做。他人对于我们的恩情一定要记得寻找机会回报，对于他人的怨恨要尽量忘掉。对他人心存怨恨的时间越短越好，对他人的感恩之情，则要永世不忘。

待婢仆，身贵端，虽贵端，慈而宽。

势服人，心不然，理服人，方无言。

·【解析】·

对待家中的仆人，要注意自己品行端正，态度威严。虽然态度威严，但也要慈善宽厚。如果在处理问题时仗势欺人，对方一定心中不服气。以理服人，以德服人，对方才会心悦诚服。

亲　仁

每一个群体都有品行出众的个体，我们把这种人叫作仁者。在现实生活中，我们要努力接近仁者，以便受到他们品德的熏染，要积极向他们学习来提高自己。身边人对自己的影响最大，古人说："与君子游，苾乎如入兰芷之室，久而不闻，则与之化矣。"（苾，音 bì，芳香。语出《大戴礼记》）如果我们努力使自己处身于仁者的群体，自己的品性会在不知不觉中提高。而且，越来越多的有德之人彼此影响，就会形成一个良性的社会环境，我们身在其中也会获益无穷。

同是人，类不齐，流俗众，仁者希。
果仁者，人多畏，言不讳，色不媚。

崇师问道 唐太宗继位后不久，召回当年辅佐李建成的王珪出任谏议大夫，多次纳取他的谏言。还命儿子魏王李泰以师礼相待。魏王向王珪请教忠孝之事，王珪说：“皇帝是你的君主，侍奉他即为忠；皇帝是你的父亲，侍奉他即为孝。忠孝可以为自己立身，可以成就美名。”

——图片选自《养正图解》明万历二十二年吴怀让刊本

【解析】

虽然大家都是人，但是有很多不同的类型。平庸的人很多，而坚持心中仁德的人相对很少。对于真正的仁者，人们都会敬畏他。因为这样的人说话不会故意歪曲隐讳事实，也不会对权贵逢迎谄媚。

能亲仁，无限好，德日进，过日少。
不亲仁，无限害，小人进，百事坏。

【解析】

如果能亲近有仁德的人，那会得到无穷的益处。在向他学习的过程中，品德会不断增进，过错会日渐减少。如果不能亲近仁德的人，会产生无穷的坏处。身边会因为缺少仁者，使小人乘虚而入，结果导致自己各个方面都越来越差。

余力学文

孔子认为，以上谈到的几个方面是做人的根本，是必须把握和坚持的，也是学生必须学习的核心和关键。在这些德

学琴师襄　孔子学琴于师襄，十天没有学习新的内容。师襄说：可以学新内容了。孔子说：还没有习得技巧。过些日子，孔子说：还没有习得内涵；过些时日，孔子说：尚未体会其意境；又过些日子，孔子说：仍不了解作者。再过些时日，孔子称：除文王还有谁能作得此曲啊！师襄起身避席再拜，说：老琴师传下此曲时亦称这是文王所操的曲子。

——图片选自《孔圣家语图》明万历十七年序刊本

行得到充分的理解和实践之外，如果还有空余时间，就可以学习文。这里的“文”本来是指礼、乐、射、御、书、数等六艺之文，现在我们可以把一切技能性和知识性的学问看作广义的文。在孔子看来，教育弟子，应该以品行为本，文艺为末。也就是说应该以德为先，以才能为后。有德行而无才能，至少可以做个合格的公民；而有才能无德行，却往往会给家人、社会带来极大的危害。这句话的本质对于当下仍具有借鉴意义。

不力行，但学文，长浮华，成何人！
但力行，不学文，任己见，昧理真。

·【解析】·

如果不能切实对以上所说的道理身体力行，而仅仅重视学习技艺，就会助长一个人浮华的习气，那怎么会成为一个真正有价值的人呢？但如果仅仅重视身体力行，却不肯努力学习和思考，做事时就可能会偏执己见，从而掩盖真理，也不会有理想的结果。

读书法，有三到，心眼口，信皆要。
方读此，勿慕彼，此未终，彼勿起。

【解析】

关于读书的方法，有所谓的“三到”，就是心到、眼到、口到，这三者都很重要，在读书过程中都要真正做到。正读这一本时，千万不要因为好奇就想着换成其他本。这一本没有读完，不要开始读下一本。

宽为限，紧用功，工夫到，滞塞通。
心有疑，随札记，就人问，求确义。

【解析】

在制订学习计划时，不要太紧张，可以适当将期限定得宽松一些。但在具体执行时，却要抓紧时间用功读书。学习中只要下功夫专心研究，很多不懂的问题自然就能通达。遇到有疑问的地方，要随时做好笔记，然后去请教师长，一定要求得确实的理解。

房室清，墙壁净，几案洁，笔砚正。
墨磨偏，心不端，字不敬，心先病。

【解析】

书房要清洁，墙壁要干净，书桌要整洁，笔墨纸砚等文具要摆放整齐。磨墨时如果墨条不直，就表明心思不端正；如果写的字不工整，就证明内心浮躁不安。

列典籍，有定处，读看毕，还原处。
虽有急，卷束齐，有缺坏，就补之。

·【解析】· 学习用的经典书籍，要按一定次序排列整齐。读完之后，再放回原处。即使是比较着急的时候，也要把书收拾好再离开。遇到书籍有残缺损坏时，就要想办法修补好。

非圣书，屏勿视，蔽聪明，坏心志。
勿自暴，勿自弃，圣与贤，可驯致。

·【解析】· 不是圣贤的书籍，要将它摒弃一旁，不要阅读。这种书籍会蒙蔽我们的聪明智慧，损害我们的心灵志向。任何情况下，不要自我放纵，不要自我放弃。圣贤人物的境界，可以经过不断努力、循序渐进而抵达。